SI LES FORÊTS NOUS QUITTENT

Hélice Hélas Éditeur bénéficie d'une prime à l'encouragement de l'Office fédéral de la culture pour les années 2021-2025, et d'un conventionnement avec l'État de Vaud et la ville de Vevey pour les années 2022-2024.

Maquette : Mary & Jo Studio

Lectorat : Daniel Rothenbühler

Relecture : Béatrice Obergfell

ISBN : 978-2-940700-60-8

www.helicehelas.org

FRANCESCO MICIELI
CHRISTIAN VIREDAZ (TRAD.)

SI LES FORÊTS NOUS QUITTENT

ROMAN

HÉLICE HÉLAS

Collection

Mycélium mi-raisin

« Tant que tu es poète, tu ne risques pas de te perdre dans les forces de la Nature, car sans cesse elles te ramènent dans l'élément des éléments : la parole.

Tant que tu es poète, les forces de la Nature ne vont pas te perdre, car il n'y a pas là perte, mais retour en son sein.

Se couper des forces de la Nature est la perte du poète. Il vaudrait mieux alors pour lui de se couper les veines. »

Marina Tsvetaïeva

I Tous

Sa langue était pointue.
On aurait dit celle d'un petit animal,
quelque part entre chat et petit chien.
Elle avait surgi un bel après-midi
alors que le pays tout entier semblait boire
pour crier vers le ciel
combien ce pays était proche de Dieu.
Saïd a parlé le premier,
il avait l'air bizarre dans son costume de Tell,
un étrange étranger.
Elle a ri à sa vue et lui a tiré la langue
et puis elle s'est assise et s'est mise à lire.
Invitation au voyage
Aimer à loisir
Aimer et mourir
Au pays qui te ressemble.

Saïd alors a parlé plus fort pour raconter
comment il avait été attaqué au couteau
rien que parce qu'à Nottingham, il avait
embrassé un arbre, en un moment
de bonheur indicible
qui lui était arrivé comme un message inattendu.
Elle a posé sur la table son livre
qui avait l'air d'une bête à l'affût,
s'est approchée de nous et nous a dit, je vais fumer.

Ça a été pour nous comme le signe d'un nouveau départ.
Je me sentais un brin ridicule dans mon
costume habsbourgeois.
Mais bon.
Dehors la liberté nous attendait.

Quand elle posait sur nous ses yeux, nous nous sentions
élevés par son regard dans un monde important.
Tout avait soudain sa raison d'être et n'était plus comme notre vie
de tous les jours, dictée par nos déguisements
et le temps à tuer.

C'était l'été des incendies et des orages.
Nous étions angoissés.
Le monde semblait à l'agonie.
Canicule et inondations.
Une géante déchaînée.

Quand Marcel a agité les bras si fort,
on aurait dit qu'il voulait mettre les nuages
en fuite.
Il faisait sombre comme en hiver.
Climat, dit-elle, d'une voix comme pour commander une pizza
au petit matin après une nuit trop arrosée.
Et pourtant nous savions pertinemment que nous
serions la génération perdue, et elle donnait
— à nos yeux (provinciaux) —
une sorte de grandeur à tout cela.

Si les forêts nous quittent, a-t-elle dit,
alors nous sommes perdus.
Jamais nous n'avions pensé que les forêts pourraient nous quitter.

Saïd leva son verre, qui était vide et avait une lueur triste.
Sur un téléphone mobile on entendit *On The Road Again*
de Canned Heat.
C'est la bande-son de notre disparition,
le réveil,
dit Ivan Bounine en se roulant une autre cigarette.
Les parents de Bounine étaient Témoins de Jéhovah.

Nous sommes descendus à l'arrêt Waldau
et nous nous sommes assis dans le parc.
Saïd a acheté du vin bio.
Nous avons bu au goulot, pour éviter
les gobelets en carton.

Un courriel m'a dit que Madame Naomi André
s'est fait prendre avec ses millions.
En France.
Elle veut sauver son chèque et le partager avec moi
si je l'aide, raconta Bounine.
S'il te plaît, sauve-moi la vie !
Rien que des bobards, a dit Saïd, tu sais bien.

Marcel savait que nous rêvions tous d'elle
la nuit, quand nous ne dormions pas.
Il ne le disait pas,
mais faisait défiler devant nous
des images de Kaboul.

« J'apporte un message de l'Afghanistan. » (Fontane)

Que pouvons-nous faire ?
Un petit groupe,
jeune, mais pas puissant.

« La jeune fille sent la foudre la consumer. » (Thomas Kling)

Nous ne survivrons pas à cet été,
s'écria Bounine, nous allons nous disperser
et nous cacher chacun dans notre petite maison,
l'argent coule à flots et élève des murs,
mais tout va quand même brûler, on va tous crever.

Bounine, tu es vieux, tu n'as plus d'espoir,
a-t-elle dit,
et nous l'avons crue sur parole.
Cet été-là, nous croyions tout ce qu'elle disait.
Elle avait la voix juste, l'expression juste.
Bounine aussi la croyait.

Nous étions ses chiens,
les jeunes chiens.
Les chiens nous donnent l'impression d'être quelque chose de spécial,
parce qu'ils sont tellement fixés sur nous.
Elle riait.
Gentils, les chiens, gentils.

Vous voulez connaître ma carrière,
demanda le serveur.
Comme nous passions l'été dans ce café,
il était devenu en quelque sorte Notre Père.
Ma carrière va de « sale Rital »
à « vieil homme blanc ».
Nous bûmes là-dessus une autre bière.

Saïd fumait comme s'il voulait faire partir le temps en fumée.
Nous étions très tristes, mais insouciants.
Marcel recommença à donner ses leçons de philo
derrière le comptoir, en donnant un coup de main au serveur.
La question était : que ferions-nous, si nous devions
sacrifier une personne pour en sauver d'autres.
Notre propre mère.

Quand nous révélerait-elle son nom ?
Nous n'osions pas le lui demander.
Alfi était revenu de son Sud originel,
il n'osait pas non plus.

Bien que bronzé et musculeux,
maître-nageur.

Nous supposions qu'il était important pour elle
de ne pas révéler son nom,
en fin de compte, un nom veut dire pouvoir.
Celui qui peut te nommer
peut te posséder.
C'est ce que croyait Alfi.

Le jardin du café était juste
ce qu'il nous fallait, les arbres nous protégeaient.
Le bistrot s'appelait Watter —
famille d'accueil pour un été.
Les moineaux aussi étaient au courant.

Isma passait par là et vint s'asseoir
à notre table.
Il avait fui, caché
dans un camion.
Le monde lui avait donné le tournis
quand après le port de Bari
il avait foulé la terre ferme.

Isma a dit, ah la vie,
et il a dit, tant pis.
Son rire est contagieux,
c'est le rire d'un rescapé.

Il nous a tous serrés dans ses bras et
a de nouveau disparu
sans boire son thé.

Nous avions l'air de souffrir d'anémie.
Nous voulions faire quelque chose pour le monde,
mais ne savions pas trop quoi ni comment.
Coureurs d'orientation sans boussole,
c'est ainsi qu'elle nous appelait
en secret.
Nous l'appelions Ginkgo.

Il fut un temps où nous voulions mourir.
Mourir pour quelque chose.
Saïd pour la Justice,
Marcel pour la Nature.
Ginkgo nous dit que nous devions vivre.
Nous discutions de tout cela, dehors
en fumant et en buvant nos bières.

Nous ne laissons derrière nous qu'un nuage de données
plein à craquer, dit Marcel, nous devons
faire quelque chose, quelque chose d'inattendu.
Tu prends aussi des frites ?
Alors on a mangé des frites.

Des articles dans les journaux se répandent
comme des vagues lentes.
Tu lis dans le *New York Times* que le lait d'amandes
n'est pas si durable,
puis dans la *Süddeutsche Zeitung*,
puis dans la feuille de ta ville.
Et si on te dit ça c'est pour te dire
aie mauvaise conscience, toi
qui ne veux plus manger de viande
et plus boire de lait de vache,
pas à cause des pets au méthane
non, mais parce que ce lait lui appartient.
Touche pas à mon lait !
Je ne bois pas de lait d'amandes, s'écrie Saïd dans nos frites.
Je ne bois pas de lait du tout.

À l'étalage Kaboul, Kandahar, Panshir.
BBC World News, l'attentat était quasi prévu d'avance.
Et maintenant juste élever des murs.
Si possible avec comme maçons des réfugiés.
Vous voyez, on vous donne du travail.
Comment nous est venue l'idée du voyage
plus personne ne s'en souvenait.
Ginkgo a dit que c'était au moment
où elle nous a avoué qu'elle ne se
rasait plus, ni la chatte ni les jambes.

Allons libérer les gens, doit avoir
lancé comme ça Marcel dans la nuée de mots.
Mon sentiment t'inclut
t'entoure comme une perle.

Dans le bus japonais de Saïd nous avions
tous de la place et assez d'espace pour respirer.
Le pays devant nous.
Les couleurs comme sur un vieux polaroïd.
Nous étions prêts et fatigués.

Le pays s'est ouvert, s'est étendu,
nous sommes devenus des personnages de dessins animés,
nos voix étaient contrefaites,
nous nous voyions déjà en héros.
Héroïnes, a dit Ginkgo, nous
ne la verrions ensuite jamais plus,
nous ne saurions jamais plus où
elle serait, elle qui nous avait éveillés
du sommeil éternel de cette petite
ville.

« La terre est encore un peu chaude :
prenez-en et mangez-en tous (...) »
C'est ainsi que Saïd nous a réveillés le premier jour du voyage.
Nous ne savions pas que ce serait
le dernier.

Tout avait bien commencé.
Nous parlions aux arbres,
remerciions la Terre.
Même si nous étions de ceux qui ne croyaient pas
à l'avenir et savions que tout allait être détruit.
Nous tombions de temps à autre dans une profonde dépression,
ne voyions plus devant nous que déserts et forêts en feu,
si la forêt nous quitte, c'en est fini de nous.

Marcel nous a lu un message.
« My name is Mohamed Riad Abdul »,
il avait fui, là, loin des talibans
et voulait maintenant conclure
avec lui une affaire.
Nous avons ri, mais il n'y avait pas de quoi rire.
Nous sommes devenus tristes de rire.

« Les enfants mangent
pain bis et lune exquise. »
Ces vers de Lorca.
Vous avez vu Ginkgo ?

Personne n'avait vu Ginkgo.
Nous nous faisions beaucoup de souci.
Nous obéissions à sa voix, à sa bouche, à sa peau, à ses cheveux.
Sans elle nous allions nous aussi disparaître.
Notre peau serait couverte de pellicules.
Nous nous sommes endormis avant de perdre tous nos cheveux.

Nous rêvions le même rêve,
des milliardaires s'envoyaient dans le cosmos
pour regarder de quoi le monde a l'air
avant
qu'il ne soit lui aussi détruit par eux
et qu'ils parient dessus avec des produits de placement.

Nous voulions, par pur désespoir,
nous faire couper les cheveux.
Marcel avait une bonne paire de ciseaux.
Il faut toujours avoir sur soi une bonne paire de ciseaux.

« On est là, faible, sans projet. »
Nous aurions pu dire la même chose.
Et voilà que nous avons entendu des gens parler.
C'étaient des ouvriers agricoles.
Ils parlaient portugais.
Ils parlaient polonais.

Nous avons libéré les bêtes.
Elles étaient aveuglées par la lumière du jour
et tournaient en rond, égarées, comme les animaux
quand ils sentent une catastrophe approcher.

Un homme suspendait sa lessive.
Il disait : je mange sans avoir faim.
J'aimerais avoir faim.

Qu'allions-nous faire sans Ginkgo ?
Pourquoi nous avait-elle abandonnés ?

Nous avions perdu la parole.
Bouche bée.
Nous avions l'impression de jouer
dans une histoire triste.

« Les lumières du monde sont éteintes.
Là se tient l'arbre devant lequel je ne
peux pas passer. » (Virginia Woolf)

« Erst, wenn die Wolken schlafen gehen
kann man uns am Himmel seh'n
Wir haben Angst und sind allein
Gott weiss, ich will kein Engel sein »
(Scala & Kolacny Brothers – Engel } Rammstein)

II Saïd

Si tu me demandes de raconter l'histoire,
je te dis que je ne la sais plus.
Je sais seulement que nous avons échoué.
Nous étions des chiens errants,
nous n'avions pas de conscience,
pas de conscience sûre, non, pas sûre.
Ginkgo, nous l'appelions ainsi, avait surgi du néant.
Comme un ange envoyé pour nous réveiller.
Wake up, wake up, if it's all you do.
Nous sommes tous tombés amoureux d'elle.
Pour elle, nous voulions sauver le monde.
Nous avions déjà tout abandonné — ne voulions
pas d'enfants plus tard, car le monde serait détruit —
pas de place pour nous.
Les messages que nous sprayions sur les murs
étaient des adieux.
Des adieux à notre unique planète.
Cette planète nous avait permis d'être et nous la détruisions.
Nous nous retrouvions chaque jour, buvions, fumions beaucoup.
Nous voulions nous débarrasser de nous-mêmes,
boire, fumer jusqu'à disparaître.
Nous avions vendu notre âme, a dit, je crois que c'est
Marcel qui l'a dit. Ou bien Esther ?
Nos âmes appartiennent aux géants du Net.
Ils sont les Cyclopes et les Sirènes en même temps.
Bouche-toi les oreilles, enferme-toi.

III Selina

Si tu me demandes de raconter l'histoire,
alors je te dis que tout est allé trop vite,
a duré trop peu — si bien que le souvenir n'a tout simplement
pas pu mûrir.
Nous sommes allées dans sa chambre.
Elle l'appelait comme ça, mais ce n'était pas
sa chambre, je m'en suis rendu compte.
C'était une cellule d'ermite ou bien
une chambre d'hôtel de passe pour rencontres interdites.
Elle m'a embrassée.
Tu es comme un paysage, a-t-elle dit.
Je vais vous aimer tous, ici, dans cette chambre.
Mes baisers vous lieront à moi.
Tu es une belle femme, a-t-elle dit, fais quelque chose
pour ce monde, le tien.
Bats-toi, passe le message.
Qu'un jour elle disparaîtrait tout simplement,
je ne l'aurais jamais pensé.
Peut-être étions-nous trop tristes pour elle.
Trop ploucs.
Je crois que nous l'étions vraiment, nous
dans notre petit pays, qui pensait être
une exception dans ce monde.
Nous, sous l'arbre protecteur
du Café Watter.
Je lui avais tout donné :

« é-
tendu retour à l'état sauvage d'aimé de part en part
ton corps... » (Thomas Kling)

Mes parents prétendaient que nous avions quelque chose de religieux,
que nous étions une secte.

« Ô toi, mer profonde où plus je plonge, plus je te trouve, et plus je te trouve, plus je te cherche. » (Catherine de Sienne)

Les gens disaient qu'elle avait été aperçue
à la frontière polonaise. Chez cette fille
qui demandait aux soldats
de l'eau.

Peut-être que le souvenir de cette phrase d'elle est important, elle la disait souvent à voix haute, comme si elle chantait le passage favori d'une chanson : « La présence de la mort ne réclame pas un regard pessimiste, elle ne fait que nous inviter à briser encore plus nos jouets déjà brisés. »

Notre dernier dialogue dans la chambre.

Nous nous demandions pourquoi les milliardaires qui s'envolent dans le cosmos ne restent pas là-haut, au lieu de replonger dans la chair du monde et de continuer à la bouffer.

Le cosmos se moquait bien de leurs jouets et aussi de tout leur fric.

IV Anina

J'étais tombée dans une spirale d'angoisse, sans vraiment comprendre quand cela avait commencé.

Tout semblait me remplir d'angoisse.

Ce que je faisais vraiment, je ne le savais pas.

J'étais comme quelqu'un de seul, la nuit, dans la forêt.

J'avançais, mais je ne savais pas au juste vers où et pourquoi. C'est à peine si je pouvais distinguer quelque chose.

Ma seule certitude était l'angoisse. Elle partait dans tous les sens.

Mais la forêt n'était pas une vraie forêt. La forêt, c'était ma petite vie. La routine quotidienne.

Recherche la source de ta peur, m'avait proposé Saïd. Je ne trouvais pas une source unique, il y en avait mille, vers laquelle devais-je partir en pèlerinage ?

Je me rappelle encore parfaitement ce jour-là.

J'étais assise à une table sous le platane, là, au Watter, presque incapable de bouger, car je ne savais pas dans quel but.

C'est alors qu'elle m'est apparue, avec cette démarche rectiligne vraiment unique et, sur son visage rond, cette expression attentive, concentrée. Elle se tenait là, comme si elle était la principale dans une longue suite de subordonnées. Nous avons tous levé les yeux vers elle. Elle était tombée d'un coup dans notre vie.

Foudre, ange, météore.

Quelqu'un a raconté que nous l'avions regardée en extase ; elle nous serait apparue comme une sorte de brume.

V Saïd

Je ne crois pas que Ginkgo ait vraiment disparu.

Elle nous met à l'épreuve. Elle observe de loin notre échec.

Cet été-là entrera dans l'histoire — c'est ce qu'ils disent, non ? Pas parce que c'était le dernier avant la pandémie, mais parce que c'était l'été avant que les hommes n'aient produit davantage de masse que toute la masse vivante de la Terre.

Imaginez cela !

En comptant toutes les bestioles et les moindres plantes, champignons et lichens.

Nous étouffons dans toute la matière que nous avons nous-mêmes produite, ce sont nos excréments, nous nous noyons dedans.

Vous pensez qu'elle a même été assassinée ?

Cet été-là, mon chat est mort. Aujourd'hui encore, je sens sa légère pression contre mes jambes. Pression fantôme. Douleurs fantômes.

La Terre ressent la disparition des plantes, comme moi celle de mon chat.

Elle porte le deuil, tout comme moi.

Le deuil et quantité d'autres facteurs de stress provoquent des changements dans le système hormonal et le système immunitaire, dans le système nerveux autonome.

Ils dépendent tous de fonctions cérébrales et de neurotransmetteurs.

La Terre n’a pas besoin de le lire, ça lui arrive et elle le sait. Elle le comprend par une conscience qui nous échappe, car elle n’est pas au service de nos langues.

Ginkgo était assise près du feu et restait tout à fait silencieuse, me semble-t-il, mais ce n’est que maintenant que je vois les choses ainsi, je choisis la dernière image que j’ai d’elle avant sa disparition. Je ne devrais pas le faire.

Si nous l’avons cherchée ?

Oui, nous l’avons cherchée, mais seulement le lendemain matin, parce que c’est seulement alors que nous nous en sommes aperçu. Nous sommes partis dans la forêt et nous avons crié son nom, oui, crié et chanté.

VI Marcel

« Le temps est l'école où nous apprenons,
le temps est le feu dans lequel nous brûlons. » (Delmore Schwartz)

Saïd avait trouvé cette note près des bêtes dans la forêt.
Nous n'arrivions pas à voir si c'était l'écriture de Ginkgo ou bien une note venue d'ailleurs, apportée ici par le vent.

Était-ce un message à notre intention ?

Avant que nos chemins se séparent et que pour longtemps — mais cela, nous ne le savions pas encore, à ce moment-là — nous nous perdions de vue, nous avons rassemblé de nouveau les bêtes libérées et les avons ramenées.

Nous avions peur qu'elles meurent de faim.

« Je n'ai jamais vu une chose sauvage
s'apitoyer sur elle-même. » (D. H. Lawrence)

L'envie nous a pris d'aller rechercher ce qui était perdu, ou ce que nous croyions être perdu.

Esther était fermement convaincue que nous étions devenus comme aveugles, que nous ne pouvions plus lire aucun signe.

« And I was green, greener than the hill
Where flowers grow and the sun shone still
Now I'm darker than the deepest sea
Just hand me down, give me a place to be »
(Nick Drake – Place to Be)

VII Selina

Oui, je dois avouer que j'ai menti. J'aimerais peut-être plutôt dire que j'ai fait d'un rêve à moi un événement vécu qui n'a même pas été. Ginkgo ne voulait pas de relations, je veux dire pas de relations érotiques, avec qui que ce soit dans le groupe. Elle voulait que nous soyons toutes et tous égaux. Des relations érotiques auraient modifié nos liens.

J'étais seule dans la chambre. Je me suis simplement imaginé comment ce serait si elle avait été là, ce que nous aurions fait. J'étais tombée amoureuse. Nous étions tous tombés amoureux d'elle.

Son apparition avait même changé pour nous notre ville. Nous n'étions plus dans la petite capitale de la Suisse. Nous nous sentions propulsés dans un centre, dans une métropole trépidante qui allait proclamer l'ère nouvelle.

Oui, l'acte de libérer les bêtes était vraiment petit. Il a l'air presque ridicule, comparé au sentiment que nous avions alors d'accomplir une grande, une importante action.

Ginkgo avait l'air d'être reliée, par une partie de son Moi, avec le monde extérieur, une partie d'elle pouvait tout aussi bien être plante ou pierre, ou bien, comme elle disait, « je perds la tête et je trouve un chez-moi ».

Si je la vois en image, il y a dans cette image la vie tout entière, tout, même l'obscur, l'indicible.

Elle était comme un bâtiment immense avec plein de fenêtres.

Parfois une partie de ce monde apparaissait dans ses yeux et elle jetait d'en haut son regard sur nous.

VIII Le Manifeste du Watter

Une phrase est déjà là :

Nous voulons un monde bon pour tou·te·s. Et quand nous disons tou·te·s, c'est tou·te·s !

IX Alfi

Nous ne devrions pas donner un nom à tout ça. Nous ne devrions pas dire ce que nous avons fait. Lui donner un nom l'a rendu petit et futile. Honnêtement, je ne sais pas si je veux m'exprimer sur cette histoire. Elle était trop importante pour moi. Elle m'a beaucoup changé. Oui, l'idée avec les bêtes, bloquer les ponts, elle est venue de moi. Quand j'ai remarqué que Ginkgo se touchait beaucoup plus souvent le visage que d'habitude, je l'ai retirée. Ces gestes m'ont beaucoup impressionné, je savais qu'elle les faisait pour se calmer. Mon idée la stressait.

J'étais un enfant de la ville, je connaissais à peine le nom des plantes, c'est seulement avec le temps que je me suis aperçu que nous nous retrouvions souvent à la table sous l'arbre. Pour moi, l'arbre était posé là comme l'étaient les maisons. Il était au service d'un ordre humain.

En plein air. C'était pour moi la sensation de ce temps-là. Toujours en plein air, par tous les temps.

X Bounine

Depuis que, ce matin-là, elle nous…
nous avions tous dormi chez Saïd,
nous avions cuisiné ensemble,
« quand on dort ensemble,
on cuisine ensemble »,
une de ces maximes de grand-mère de Saïd…
depuis qu'elle nous avait lu le passage avec la grenouille
un commutateur en nous s'était déclenché.
Nous étions la grenouille dont il était question.
Tout le monde l'a senti à ce moment-là.
Ce sentiment dans la pièce a aussi changé la voix de Ginkgo.
« Nous devons comprendre comment il a pu se produire que nous restions à tel point muets et ne remarquions pas ce qui nous arrive. »
Oui, nous devons sauter par nos propres moyens,
avais-je crié.
Oui, crié, il fallait que ce soit crié.

Le passage :
« Si vous arrivez à faire asseoir tranquillement une grenouille dans une casserole contenant de l'eau froide et que vous augmentez la température très lentement et progressivement, de manière qu'aucun moment ne soit marqué comme celui où elle devrait bondir dehors, eh bien, elle ne sautera jamais. Elle cuira. L'espèce humaine, qui change son propre environnement en augmentant progressivement la pollution et se dégrade l'esprit

en détériorant lentement la religion, l'éducation, se trouve-t-elle assise dans une telle casserole ? » (Gregory Bateson, *La nature et la pensée*)

À la question de savoir pourquoi, à peine Ginkgo disparue, nous ne nous sommes plus retrouvés sous le grand platane devant le Watter, pourquoi nous nous sommes retranchés dans notre vie privée, je n'ai pas de réponse.

XI Le Manifeste du Watter

2e phrase : Nous devons bondir hors de la casserole par nos propres moyens.

Ils ne peuvent pas nous faire croire que tout va pour le mieux alors que nous sommes juste avant le point d'ébullition.

XII Esther

Avant de partir à la campagne, nous nous étions réunis devant la fontaine avec l'immense Helvetia. Devant l'Helvetia qui ressemble à l'ange dans l'histoire de Walter Benjamin. Elle et le Musée d'histoire et son banc pour prendre une photo avec Einstein sont projetés dans le futur et contemplent les décombres que nous, les humains, laissons derrière nous.

Je dois avouer que je me débats encore aujourd'hui pour rétablir l'équilibre. Je veux empêcher la chute qui peut m'arriver sans le soutien du groupe.

Mais je n'ai plus le courage de le faire.

J'ai l'impression d'avoir été trompée. Je sais que ce n'est pas vrai, mais je ne peux rien y faire.

Je me sentais très proche de Ginkgo. Elle était devenue ma grande sœur. La sœur qui sait comment va la vie, qui est là pour toi quand tu as des difficultés. La sœur qui te montre le chemin vers une existence bonne et juste. Sa disparition a été pour moi comme si elle s'était suicidée devant moi, sans avertissement, sans en avoir parlé avant.

Durant les longues nuits où nous avions monté la garde et, comme nous disions, veillions sur le monde, nous avons beaucoup parlé de nous et de notre vision des choses. Elle m'avait raconté la disparition des vers luisants, comme image de la disparition véritable, mais aussi de la disparition de beaucoup de choses que nous avions aimées dans notre enfance. C'est alors que j'avais découvert Serres. La vision des humains comme parasites ne m'a plus jamais quittée. L'être humain ne se contente pas de n'être qu'un parasite, non, il lui faut encore détruire. Il ne suffit pas que nous prenions davantage que ce que nous donnons, nous détruisons sciemment. Nous parasitons les animaux, les plantes, les mers, les montagnes, et si ça ne suffit pas — et la plupart du temps c'est le cas —, alors nous sommes les pires parasites des autres humains, voire de nous-mêmes. Nous nous enrichissons à leurs dépens, nous les détruisons par des guerres.

Ne sois pas si triste, me disait-elle souvent. Sa main sur ma tête était pour moi source de tranquillité.

Sa main était pour moi comme le lien salvateur avec mes peurs d'enfant. C'est que je suis venue au monde prématurément et j'ai dû passer deux semaines dans une caissette chauffée.

XIII Si les arbres nous quittent

Par la petite porte du paysage
les arbres s'en vont.
Ils sont vêtus de noir.
On se croirait dans un dessin au fusain.
Saïd est fasciné.
Pourquoi je n'en suis pas capable, se demande-t-il.
Les arbres nous quittent. Ils en ont assez.
Sans eux nous nous sentons évincés.
Jetés hors du nid.
Tout est trop plein.
Plus d'espaces vides nulle part.
Notre regard finit,
dit Esther,
finit dans un profond canal mort.
Nous sommes couchés là
sur le point de nous endormir,
par la faille entre la veille et le rêve
les bêtes se pressent.
Elles s'en vont avec les arbres.
Quand la faille se referme
il fait si sombre
que le monde disparaît.
Nous restons, mais nous ne savons
pas si nous sommes encore là.

XIV Alfi

Imagine qu'ils aient dû nous évacuer loin de là, et les bêtes avec nous.

Comment nous aurions fait pour amener les bêtes à s'arrêter là, sur ce pont de transit, nous ne le savions pas trop.

La plupart, ce genre d'objection leur a fait changer d'avis.

J'ai trouvé ça très dommage. Les bêtes sur le pont, ç'aurait été un signal fort. Humains et bêtes solidaires pour la Nature.

Oui, j'étais moi aussi dans la forêt cette nuit-là.

Pour moi, Ginkgo n'a jamais disparu. Elle est là, simplement nous ne la voyons pas. Il y a tellement de choses que nous ne voyons pas. La matière noire, par exemple, personne ne la voit, la matière noire, mais elle est là. Le temps, qui donc peut bien voir le temps ? Mais le temps est quand même là.

Je crois que nous vivons dans des mondes trop différents. Nous ne nous entendons pas avec tous ceux qui gouvernent, qui sont au pouvoir sous une forme ou une autre. Nous ne comprenons pas non plus ceux qui veulent mener une vie normale.

Leurs actions sont comme des masses d'eau chaude qui se forment au-dessus des océans et menacent notre vie. Les mots qui sortent de leur bouche, quand ils parlent de protection de la nature, sont aussi usés que de vieux slogans publicitaires.

Ils parlent et ils détruisent, ou alors ils acceptent tout simplement la destruction.

Non, Ginkgo n'a pas disparu. Elle est là. Je le sais.

XV Sara

Est-ce que ç'a été Selina ? Je ne sais plus.
Tout à coup on s'est mis à évoquer la question d'un enfant.
Ce devait être l'enfant de Ginkgo.
Nous voulions à tel point ne faire qu'un que nous imaginions aussi avoir un enfant commun.
Un enfant qui, plus tard, nous poursuivrait en justice pour notre inaction.
Inaction face à la destruction des bêtes
et de l'environnement.
L'enfant mettrait le manifeste en œuvre.

« Time after time
Day by day
I'll stay
You come and you go
I'll stay, I'll stay »
(Selina Maria Batliner – Your Stone)

XVI Sara

Ko Maru kai atu
Ko maro kai mai
Ka nghoe nghoe

Voilà le SMS que nous avons tous reçu, des jours plus tard. Nous avons supposé qu'il venait d'Esma. Jusqu'à ce que Selina nous fasse comprendre qu'Esma n'avait pas un seul de nos numéros.

Qu'il n'avait fait que passer, nous avait juste raconté en deux mots l'histoire de sa fuite.

Ce proverbe maori signifie : « Donne autant que tu reçois, et tout ira pour le mieux. » C'était dit dans le message.

Nous ne savions pas quoi faire.

Était-ce un message de Ginkgo ?

Ou d'un groupe qui avait kidnappé Ginkgo ?

Nous nous sentions comme les feuilles d'un arbre, nous devions sans cesse, après chaque averse, nous retourner pour nous exposer le plus possible aux rayons du soleil.

Plus tard, la nouvelle est tombée que le gaz et l'atome allaient être déclarés énergies vertes. La langue nous avait maintenant complètement dupés. Il n'y avait plus moyen d'avoir confiance. La langue s'associait au pouvoir et nous humains courions à notre fin.

Personne n'a dit que nous ne nous reverrions plus. Personne n'a dit que notre groupe n'existerait plus.

Et c'est pourtant ce qui s'est passé.

Nous ne nous sommes plus revus. Le groupe a disparu.

XVII Le Manifeste du Watter

3e phrase : Nous n'avons pas le temps. Tout doit se faire tout de suite.

« And then one day you find ten years have got behind you
No one told you when to run, you missed the starting gun
And you run, and you run to catch up with the sun… »
(Pink Floyd – Time)

XVIII Chère Ginkgo,

Le fait que le progrès se mette en marche de lui-même ne nous permet pas d'y trouver vraiment notre place.

À chaque seconde, ce progrès va de pair avec la possibilité de la catastrophe absolue.

C'étaient là des conclusions que nous avions reprises d'Adorno. Nous les avions reprises parce qu'elles correspondaient à la nôtre. Nous avions fait la lecture du monde de telle sorte que nous devions forcément les trouver.

Il nous a semblé que la possibilité de la catastrophe totale était toute proche.

Tu es partie depuis peu.

Nous sommes toujours dans la forêt. Nous sommes dans cette forêt rêvée, souhaitée et embrassée avec tant de joie, là où avec toi nous avons cherché le rêve perdu.

Nous avions espéré nous retrouver face à face avec des animaux hors du commun.

La plupart des animaux avaient abandonné, disparu ou été faits prisonniers.

Il n'y avait plus que ce renard.

Tu te souviens de son regard ?

Nous ne savions pas ce qu'il voyait en nous voyant. Cette pensée nous a remplis d'incertitude.

« Aucun animal ne “confirme” l'homme, que ce soit positivement ou négativement. »

Cela, nous l'avions trouvé chez John Berger, parce que nous l'avions lu de telle sorte que nous devions forcément trouver cette phrase. Les pensées se formulaient quand on parlait ou se trouvaient quand on lisait.

XIX Selina

Cet été-là, nous étions comme des gens en jet-lag.

C'est ce que je m'imagine, bien que je n'aie jamais pris l'avion.

Nous étions « ici et ailleurs » en même temps.

Nous n'étions pas en nous.

Je me rappelle que Ginkgo m'a dit que nous devions être comme un navire qui traverse le brouillard sans que le brouillard s'en rende compte.

Cela m'a beaucoup plu, comme attitude. C'était pour moi la révolution douce.

Notre navire était peut-être bien piloté, mais il avait des défauts.

Le manque de confiance.

XX Marcel

Le train s'était arrêté en pleine cambrousse.
Pas de brusque coup de frein.
Un ralentissement tout en douceur.
Les lumières d'une ville, très loin,
brillaient, froides.
Je grelottais.
Je ne savais plus où aller.
J'étais simplement monté dans un train.
J'avais l'impression d'avoir si profondément
plongé dans mon rêve
que j'avais perdu tout souvenir.
Ma chambre existait-elle encore ?
Y avait-il un endroit où je pourrais retourner ?
Tout ce qui avait été nos jours ensemble
s'était réduit à quelques points scintillants.
Et eux aussi menaçaient de perdre leur lumière.
Je dois avouer que je suis content qu'ils m'aient trouvé.
Et que je puisse livrer ici mon témoignage.
Vous devez vous imaginer ce que c'est, quand les pensées,
les intuitions et, oui, la recherche aussi naissent
parce que nous
étions un groupe fermé,
ce qui avait fait de nous notre chambre de réflexion
et notre laboratoire.

XXI Esther

« *I haven't told my garden yet.* » (Emily Dickinson)

Comment notre jardin peut-il comprendre que nous ne prenions plus soin de lui ?

Non parce que nous allons tous mourir d'un coup, mais simplement parce que nous ne nous en soucions plus.

Nous croyions que notre société avait implosé, elle ne voyait plus qu'elle-même, ses propres soucis — elle menait des guerres, laissait régner la famine, détruisait.

Une termitière, la société.

La société considérée comme une termitière.

Il y avait encore des parties du jardin qui voulaient nous consoler, qui voulaient nous nourrir de leur souffle. Mais beaucoup de parties étaient détruites, desséchées, brûlées, n'avaient presque plus de vie.

Nous n'avions rien dit au jardin de notre maladie destructrice. Il nous a longtemps accompagnés en silence, mais il semble que nous en soyons arrivés au point de non-retour.

La vie est un système en réseau dans lequel chaque élément rétroagit sur le tout. La vie à la fois s'écoule et demeure.

Vous demandez maintenant ce que cela a à voir avec Ginkgo.
Cela a à voir.
Je peux essayer de l'expliquer par un vers de Tranströmer :

« Nous semblons presque heureux au soleil,
alors que nous saignons de ces blessures
dont nous ignorons tout. »

XXII Saïd

Oui, c'est vrai, j'avais différents noms.

Je ne les ai pas choisis moi-même.

C'étaient des altérations de mon nom.

Intéressant, le nombre de fois qu'un nom peut être mal prononcé.

Les gens essayaient de trouver le meilleur accès à mon nom.

Ça ne me dérangeait pas, au contraire, ça me plaisait d'être toujours quelqu'un d'autre.

Bon, j'en viens au fait : oui, c'est vrai, nous voulions occuper le pont.

Nous voulions tatouer la phrase : « Nous les bêtes, nous en avons assez ! Donnez-nous un monde meilleur ! » sur notre front et aussi sur le pont.

Vous appelez ça infantile.

C'est quoi, alors, la destruction du monde ? C'est ça, la sagesse des adultes ?

Nous voulions attirer l'attention. Montrer qu'on en fait beaucoup trop peu.

Que ce ne sont rien que des promesses en l'air.

Non, l'idée ne venait pas de Ginkgo !

Combien de fois il faut que je vous le dise ?

L'idée est née dans nos têtes. Elle est née de notre grande proximité. De nos peurs.

Vous n'arrivez pas à lire mon écriture ?

« À quel point notre pensée productiviste est simpliste, à quel point la conscience de l'équilibre entre construction et destruction nous fait totalement défaut, cela apparaît clairement dans le fait qu'à ce jour, notre langue ne connaît même pas de nom pour désigner ne fût-ce qu'approximativement le processus opposé à la production, le retour des choses produites à leur matériau originel. Les plantes, en revanche, ont développé l'équilibre le plus parfait entre production et déproduction. La nature ne produit pas de déchets. »

Mais attention, ce texte n'est pas de moi.

Ce qui est de moi, c'est ça :

Les puissants ne donnent jamais rien en retour. Ils ne font que prendre et en veulent toujours plus, et pour cela ils détruisent ce qui doit être détruit pour leurs fins.

XXIII Selina

Si la nature et les animaux avaient aussi une police.

Une police qui nous tire hors de la maison comme des voleurs et met la maison sens dessus dessous.

Parce que nos « délits » auraient été commis sur une propriété privée.

Alors que nous n'avons fait qu'écrire un texte sur une paroi.

Comment ça serait, si la police déboulait chaque fois que des animaux sont dérangés et chassés de leur territoire, que des forêts disparaissent, des espèces végétales

— je peux aussi faire une liste des disparitions —

que des champs sont empoisonnés.

Je veux docilement ce qui doit naturellement être.

Nous ne sommes pas des romantiques, non, pas des rêveurs non plus.

La société est convaincue que le monde va exactement comme elle pense.

Nous trouvions alors qu'il nous fallait réfléchir à l'insuffisance de la raison et de la logique et en discuter.

Aussi avec les puissants.

Les vagues du hasard ne sont quasi plus contrôlables.

La façon dont nous avons dérangé le monde fait que le hasard va régner pour longtemps.

Je ne suis pas déçue qu'on ne me comprenne pas.

Non, nous n'avons pas menacé le policier.

Nous ne l'avons pas non plus frappé.

C'est de la calomnie.

Non, je ne veux pas que ce mot soit inscrit dans le procès-verbal.

Faux. C'est faux.

L'idée était très simple. À chaque endroit libre de la ville, planter un arbre.

Donc nous n'avons volé personne. Nous avons voulu donner.

XXIV Anina

Mon souvenir se faufile
comme un voleur dans cet été,
fouille sous le platane, à la recherche
de signes de ce temps-là.
De pellicules.
De cheveux.
De lambeaux de vêtements.

Ce que nous étions,
nous l’étions là-bas.
Là-bas encore les marques de nos pas
autour des mots que nous avons échangés,
qui ont coulé dans l’arbre.

Oui, je crois
que nous savions à qui les bêtes appartenaient.
À un politicien.
Là-bas la mémoire se faufile,
c’est une voleuse
qui disparaît avec chaque été.

S’il vous plaît, ne me regardez pas d’un air si sévère,
sinon je ne pourrai plus dire un seul mot.

XXV Daria

C'est seulement quand on m'a dit que je devais m'imaginer que mon corps aurait pour toujours deux degrés de plus, que j'ai compris.

Un corps humain qui a constamment une température de 38 degrés ne tient pas longtemps le coup.

Notre Terre est aussi un corps de ce type.

Pourquoi vous riez ?

Plus je nous écoute et plus j'observe les réactions, plus je suis certaine que vous avez enlevé Ginkgo, et maintenant vous faites comme si vous la cherchiez pour la sauver.

Vous avez peur. Elle vous fait peur.

Je l'ai pourtant déjà dit, nous ne savions pas que le propriétaire de ces bêtes siégeait au Parlement.

Nous ne faisons pas de politique.

Nous voulons juste un monde où nous puissions vivre, c'est pourtant simple.

Mais ça, vous ne le comprenez pas. Vous avez votre pensée apparemment claire.

Ça ne colle pas avec votre idée que tout doit être sacrifié sur l'autel de l'argent et du progrès économique.

Vous êtes vampirisés, infectés par tout ça.

Votre vocabulaire est fait de mots creux.

Déjà rien que quand vous prononcez des mots comme « durable », il est évident qu'il n'y a là-dedans rien qui dure.

Oui, oui, j'arrête, d'accord.

Je comprends, *capito*. Il ne s'agit ici que de recueillir suffisamment d'informations pour que Ginkgo puisse être retrouvée.

XXVI Marcel

Ce soir-là, nous avions fait l'exercice de Saïd. Il l'appelait « grand-mère ». Il lui en rappelait l'essence.

L'exercice est très simple.

Laisser le temps couler.

Ne pas du tout penser au temps.

Laisser le temps disparaître.

Quand nous voyons des étoiles extrêmement lointaines et que nous disons que leur lumière est déjà vieille de quelques millions d'années. Ça veut dire quoi, cette indication de temps ? Nous voyons maintenant.

Peut-être que notre vie est aussi là depuis longtemps, mais nous vivons maintenant.

« La vie à la fois s'écoule et demeure. » (Friedrich Cramer, *Chaos und Ordnung*)

Non, je ne suis pas bourré !

Non, je n'ai pas fumé d'herbe non plus.

Tout était paisible, ça je le sais encore, peut-être qu'on était tous un peu euphoriques, nous avions libéré des bêtes.

C'était devenu du sérieux, ce n'était plus un jeu d'enfant.

Ginkgo a récité un poème, oui ! Est-ce qu'il était d'elle ?

Je ne sais pas.

« Et un verdier entre les branches agite ses petites ailes
saute mange chie comme s'il était heureux. »

Rien ne laissait penser qu'elle ne serait plus là le lendemain.

XXVII Le Manifeste du Watter

Possible 4e phrase :

Doit encore être discutée plus à fond. La question de la langue, aussi.

4e : « *We have a choice. Collective action or collective suicide. It is in our hands.* » (Antonio Guterres, secrétaire général de l'ONU)

En complément :
Nous n'attendons pas la collectivité mondiale. Elle est trop lente.
Nous agissons maintenant et sommes sans crainte.

XXVIII Poème trouvé

Elle se défend en chantant
et en volant bas,
sachant que l'ennemi
n'aurait qu'à sortir ses griffes
et ce serait fini.
Pour toujours.
Quelques plumes qui volent
comme une neige noire
pour témoigner de sa présence passée.

Nous voulions nous engager pour la cause en chantant et en volant bas.

Que la société nous perçoive comme une menace, nous ne le comprenions pas.

J'admets que j'aurais pu m'imaginer une façon d'agir plus agressive, mais je m'en suis tenue à nos accords.

Non, le suicide, il n'en a jamais été question dans notre groupe. C'était seulement une citation de Guterres.

Nous nous disions alors, tiens, tiens, il y a là quelqu'un qui le dit, mais personne n'écoute.

C'est même imprimé, mais personne ne lit vraiment.

XXIX Anina

Nous savions que l'ère du feu avait commencé. Nous l'avons remarqué quand nous avons libéré les bêtes. Elles ne savaient pas où aller. Il faisait trop chaud partout. La chaleur avait quelque chose d'irréel, et en même temps nous nous sentions enveloppés par elle, protégés. Les bêtes non. Elles se sentaient menacées. Elles sont allées trouver les arbres noirs dans la forêt. Tout était à l'arrêt.
C'cst alors que j'ai découvert la beauté pour moi surnaturelle de Ginkgo. C'était comme si elle illuminait cette scène, tout était dessiné avec précision.

« Fuoco, fuoco, fuoco
Simbolo d'amore »
(*La nave di fuoco – Terra Vecchia Songbook*)

XXX Bounine

Je ne comprends pas tout à fait ce qu'on attend de nous.

Pourquoi maintenant ? L'enquête avait été suspendue.

C'est quoi l'hypothèse ?

On joue au tribunal ?

Ou c'est plutôt une réunification ?

Une audition ?

Au commencement est le meurtre. Les textes originels de nos sociétés le prouvent.

Depuis Caïn et Abel.

L'humanité serait si paisible sans ces « grands hommes », les vrais et les faux. La poursuite du combat est leur plaisir privé. Mais il y a aussi des « grandes sociétés », elles poursuivent leur combat contre la nature, et pour finir contre elles-mêmes. Notre curieuse stratégie et notre plaisir privé.

Stercus suum bene olet.

Je me rappelle que peu avant la disparition, donc peu avant la fin de notre été important et commun, je suis allé rendre visite à ma mère. Il y avait là un vieil homme qui se cachait le visage dans les mains. Maman lui avait préparé un bain de pieds, il devait faire très chaud ce jour-là.

L'homme ne pouvait cependant pas être mon père.

Il était trop vieux.

J'ai regardé ma mère d'un air interrogateur. Elle ne m'a fourni aucun renseignement.

Cette histoire n'a rien à faire ici, mais elle est importante pour moi. Peut-être que le vieil homme était un messager qui avait annoncé la disparition de Ginkgo.

Il ne m'a pas non plus regardé quand je suis reparti. Il se cachait le visage. Ses mains tremblaient un peu.

« Then the angel asked her what her
Name was she said I have none
Then he asked how can this be
My father never gave me one »
(Abraham's Daughter – Arcade Fire)

XXXI Anina et Selina

Longtemps nous avons marché et tendu l'oreille, et sommes arrivées en un point où les frontières s'ouvraient, peut-être que c'était plutôt un point où tout devient frontière.

Un espace ouvert dans la forêt.

Les gens affluaient et tenaient des lumières à la main.

La scomparsa delle lucciole.

Nous avions promis aux arbres que nous pourrions aussi être combatifs, que nous ne nous contenterions pas de gentilles promesses.

Et quand on était en compagnie de ceux qu'on ne connaissait pas très bien, il fallait contrôler. Une certaine sincérité était de mise. Juste ne pas perdre des yeux ce qui remuait en marge du discours — quelque chose d'obscur.

Quelque chose qui pourrait faire irruption pour tout détruire.

Nous n'avions pas le droit de le perdre des yeux.

Nous ne pouvons pas l'exprimer autrement, même si vous ne nous comprenez pas.

Il fallait s'emparer de la vie.

Ginkgo en était elle aussi, elle planait au-dessus de tout, c'est vrai, c'était sa manière d'être, mais il était clair qu'elle aussi voulait absolument se battre.

Nous prétendions au respect de notre droit à un monde sans destruction et sans pollution.

Ce devait être notre territoire.

Je me rappelle que Saïd nous a tous embrassés sur le front.

Le salut peut venir au compte-gouttes, disait-il, peut-être de nuit, quand nous ne savons rien.

XXXII Daria

Je n'étais dans le groupe que depuis peu ; la raison qui m'avait fait m'y joindre était l'anxiété climatique qui m'avait rongée depuis longtemps. J'étais convaincue que notre avenir était fait d'inondations, d'incendies, de catastrophes. Je me réveillais plusieurs fois la nuit et j'étais sûre que le moment était arrivé. Nous avons franchi le point de non-retour. Il n'est plus possible de sauver le monde.

Le groupe était pour moi une lueur d'espoir, une possibilité de faire quelque chose contre mon anxiété.

Peu après, Ginkgo a disparu et le groupe s'est décomposé.

J'avais enfin trouvé un moyen de prendre ma vie en main, avec des gens qui me donnaient de la sécurité et un sens. Et voilà qu'il n'y avait de nouveau plus rien.

Et mon enfer a recommencé.

Il y a des jours où je n'ai même plus l'énergie de me lever.

Le chemin pour revenir ici m'a coûté beaucoup, mais je voulais absolument être ici et témoigner.

Le lendemain de la libération des bêtes, Ginkgo m'avait fait cadeau d'une phrase. Je ne sais pas de qui elle est.

Je vous la lis. Peut-être que cette phrase éclaire un point obscur.

« La manière dont on devrait apprendre
à prendre connaissance des choses, ou arriver soi-même
à le voir, nous n'y suffisons peut-être pas,
toi et moi,
mais il nous suffit déjà

de nous mettre d'accord que ce n'est pas par des mots,
mais bien plutôt par la connaissance elle-même
que nous devons la rechercher et la découvrir,
non par des mots. »

Ginkgo, nous ne connaissons même pas ton vrai nom, reviens s'il te plaît, j'ai besoin de toi, tu m'as ôté ma peur, nous voulions faire de la recherche par l'action.

XXXIII Bounine

Je gagnai les bois parce que je voulais vivre suivant mûre réflexion, n'affronter que les actes essentiels de la vie, a dit Thoreau, et Tranströmer chante à ce propos :

« En voici encore un qui a quitté l'enceinte des pierres
avides de la lourde cité. Et l'eau est limpide et salée
lorsqu'elle s'abat sur la tête des vrais exilés. »

Nous nous sentions comme des exilés. Nous cherchions des moyens de pousser la classe politique à agir.

Nous avions noté beaucoup de phrases de nos lectures pour en faire cadeau.

En faire cadeau aux puissants pour les aider à penser.

Elles étaient notre soutien, nos compagnes de lutte.

L'utilité était minime.

Infinitésimale.

La classe politique parle, promet et fait beaucoup de choses qui sont le contraire de ce qu'elle promet.

Nous nous sommes vus contraints de faire quelque chose qui fasse sensation :

la libération des bêtes.

D'Uwe Johnson, nous avions repris : « Il y a une colère plus qu'éveillée qui coule rapidement et s'y prend de façon rigoureuse avec une perte. »

Nous étions dans cette colère.

Peut-être que c'était même une rage.

Et pourtant nous avons cherché à nous réconcilier avec le réel et avec les gens.

C'est encore ce que nous faisons.

Non idéologiser, mais poétiser.

À bien y réfléchir, la journée, après sa disparition, est restée sombre.

Je ne sais pas si le soleil s'est même levé. Je me souviens de sommets gris, de l'obscurité et d'un grand nombre d'oiseaux.

Que voulaient les oiseaux ?

J'entendais les autres dans la forêt.

Leurs voix volaient dans les arbres comme si elles aussi étaient des oiseaux.

Je suis sorti de mon sac de couchage comme on sort d'un rêve. J'étais là et je n'étais pas là.

J'ai vu devant moi ma mère lors de ma dernière visite.

« C'est beau que tu sois là, après tant de temps. » C'est ce qu'elle avait dit et elle avait ensuite disparu dans la solitude de son travail, comme beaucoup d'autres gens disparaissent dans la solitude de leurs gestes.

Je sais encore que sa solitude m'a donné le frisson.

Plus tard, cette pensée s'est mise à tourner dans ma tête :

Ginkgo a disparu dans sa solitude.

On a beau nourrir le loup, il regarde toujours du côté de la forêt, c'est ce que les paysans disaient chez nous. J'aimais bien ce dicton.

Ginkgo avait dit une fois à ce propos qu'elle aussi connaissait cela, parce qu'elle se sentait toujours appelée, après chaque trahison, et ensuite elle s'apercevait qu'elle le faisait toujours avec la même amante, la Nature.

Que le propriétaire des bêtes et politicien ait ensuite besoin d'une protection policière tellement il avait peur, nous ne le voulions pas.

Nous ne savions rien du propriétaire.

XXXIV Selina

Ils m'appelaient « maman » bien que je ne sois pas plus âgée qu'eux. J'avais l'impression d'être une brume, une nappe de brume qui enveloppe tout. Ils devaient pouvoir passer doucement à travers ce rideau gris, sans se blesser, se retrouvant sans cesse face à un monde nouveau.

Je voulais que le groupe se protège, que les têtes dures deviennent douces elles aussi.

Pour Ginkgo, ce que je faisais était clair.

Elle était peut-être la seule à s'être rendu compte que je participais. J'aimerais vous lire maintenant un poème. Il ne donne pas une nouvelle vision de sa disparition soudaine, mais conduit au milieu de notre été, à notre conscience d'alors.

Bon, je comprends, nous n'en avons plus le temps.

Je ne lis que le début.

« Et si c'était le point de non-retour ?
La peur qu'engendre ce qui arrive,
qui nous est encore inconnu, et toujours
semble être autre chose, ou l'ombre
d'une antique faute : car des deux
l'histoire est faite. »
(d'après Diana Bellessi)

Non, ce n'est pas donner dans le romantisme ! Notre Oui bat doucement et intensivement votre éternel Non. Personne n'est épargné.

XXXV Marcel

La dernière image que j'ai : moi me tortillant dans mon sac de couchage quand Ginkgo est passée, m'a regardé et a dit : « Ne te fais pas de souci. » Je ne me faisais pas de souci, mais peut-être que j'en avais l'air, parce que je m'y étais si mal pris avec mon sac de couchage, mais je n'ai rien pu répliquer. Elle m'avait pris par surprise. Elle a répété : « C'est en ordre. Tout est en ordre. »

Aujourd'hui, je sais qu'elle ne voulait pas dire que tout était en ordre avec elle ou avec nous. Elle voulait vraiment dire : « Tout est en ordre. » L'Univers l'avait embrassée et lui avait soufflé que tout serait bien, foutrement bien, foutrement en ordre. Elle l'avait alors vraiment cru et en avait éprouvé la grâce. Ça, j'en suis tout à fait sûr.

XXXVI Mati

Vous êtes sûrs d'avoir besoin de ma déposition ?

Je n'ai participé qu'à la dernière séance du Manifeste. Il m'en reste le souvenir de la lumière. Devant la fenêtre, un couvreur est passé. Je ne sais pas si les autres l'ont vu. Je ne pouvais pas le saluer, sinon il aurait été déconcentré et serait tombé. Pour les anges aussi, il faut prier (Tsvetaïeva).

Les moments importants de ma vie restent dans mon souvenir comme des incidences particulières de la lumière. En règle générale, la lumière se répand dans un milieu homogène de façon sphérique et radiale dans toutes les directions.

S'il a été question de conflit armé ?

Non, ça je ne sais plus. Mais ce dont je suis sûr, c'est que si cela avait été le cas, je me souviendrais d'une lumière particulière.

Comme quand Ginkgo est entrée. La lumière a apporté d'abord son ombre, ensuite elle est arrivée.

C'était une soirée pleine d'entrain. Selina nous a chanté l'*Ave Maria* de Janaček.

En discutant, nous nous sommes sentis comme de bons compagnons et compagnes de route — nous ne nous rendions pas dans des régions dangereuses, ne nous impliquions pas dans des combats — notre modeste objectif demeurait, rien ne pourrait nous en détourner.

Je sais encore que nous comptions les premières étoiles, dix ou quinze, mais nous percevions le parfum de milliers d'étoiles. Après cela, la Voie lactée était pleine de jasmin.

Vous trouvez que nous sommes un peu trop romantiques ?

Ce n'est pas du romantisme.

C'est notre manière de voir le monde.

Vous avez entendu parler de l'arbre le plus solitaire du monde ? Il se trouve quelque part en Nouvelle-Zélande. Mais, si nous pensons correctement, nous savons qu'il n'est pas seul. Il y a là-bas des otaries, des pingouins, des albatros.

Vous n'avez plus de questions ?

Voix off (une journaliste amie ?)

Quand les interrogatoires ont pris fin et qu'ils sont tous ressortis du quartier général de la police, dehors, beaucoup de curieux attendaient. Une grande affiche invitait à visiter le Musée des beaux-arts : « Nouveaux Mondes ». Dans le petit parc devant l'hôtel de police, une photo de groupe a été prise.
On aurait dit qu'ils venaient de se rassembler pour une jam session.
Marcel a crié en direction des curieux :
« Brin d'herbe frère de sang, je t'aime
ton éclat d'eau s'abat sur moi. »
Il voulait dire par ces mots combien il est difficile de reconnaître la raison de la Nature.
Une personne manquait sur cette (dérangeante ?) photo de groupe.
Comme si c'était l'image d'une époque qui menaçait de finir tragiquement.
Ginkgo manquait.
Elle apparaîtrait sur la longue liste des personalités disparues :
https://de.wikipedia.org/wiki/Liste_spurlos_verschwundener_Menschen

L'instinct est un principe explicatif, et l'instinct leur a dit qu'elle était encore quelque part — partout où l'on lutte contre la destruction du monde.

Note sortie de la corbeille

Pour réussir, il faut davantage de chance que de talent, ça a été prouvé et il y a même eu pour ça un Prix Nobel.

J'espère que la chance nous voit, nous et notre engagement pour ce que nous appelons Nature, comme si c'était quelque chose d'extérieur à nous — mais non parce que nous voudrions un prix ou quoi que ce soit d'autre dans la logique du capitalisme, dans la logique du qui-est-le-meilleur — il faut que la chance nous voie pour que le monde devienne tel qu'il ne soit plus détruit et exploité, mais traité tendrement comme une jeune plante.

J'aimerais encore témoigner qu'après la disparition de Ginkgo, nous nous sommes sentis comme des baleines échouées. Avez-vous déjà vu des photos de baleines échouées ? Ce sont des images tristes, les baleines donnent l'impression d'être des messagères de mort venues d'un autre monde.

Communiqué de presse de la police

Sur l'affaire « Ginkgo » et l'inexplicable impossibilité de la retrouver, on peut seulement affirmer qu'après audition du groupe « Le Manifeste du Watter », aucun nouvel indice n'est apparu. Il est à supposer qu'il soit arrivé quelque chose à la personne disparue, ou qu'elle ait délibérément changé d'identité.

XXXVII Le Manifeste du Watter, dernière note

Nous savons que notre manifeste est encore loin d'être achevé.

Nous le laissons comme chantier, pour qu'on puisse continuer à y travailler.

La lutte continue.

Note de bas de page à l'intention des nombreuses personnes qui pensent de façon si joliment critique et fortes de l'expérience qu'elles s'attribuent elles-mêmes, se moquant de nos idées qu'elles jugent « d'un romantisme naïf » : C'est vous, avec toute votre meilleure façon de penser, qui avez amené le monde au bord de ce gouffre.

Et merde, devrions-nous dire pour être justes, nous y avons aussi participé.

Photo de groupe

Sur la photo
devant la maison
qui autrefois était un orphelinat
et qui maintenant sert de centrale
à la police, nous avons l'air
d'un groupe de jeunes sur le point
de partir pour un grand, un important voyage
autour du monde.
Dans nos yeux, la certitude
que nous ne rentrerons pas de sitôt
ne nous retrouverons plus ensemble de sitôt.

Une chanson dans les oreilles.
« *Soffia vento freddo sopra i nostri giorni*
E dietro le porte
Armadi di sogni
Aspettano che torni
La nostra vita. »
(Un vent froid souffle sur nos jours
Et derrière les portes
Des armoires de rêves
Attendent que revienne
Notre vie.)

(Andrea Laszlo De Simone – *I nostri giorni*)

Communiqué de presse du groupe

Nous nous sommes embarqués dans cet interrogatoire parce que nous avions espéré que cette affaire et nos préoccupations déclencheraient une véritable enquête et aussi une discussion au sein de la société.

Ginkgo a disparu.

Après coup, force nous est de constater qu'aucun intérêt véritable ne se manifeste pour cela, ni de la part des autorités, ni de la société. Nous ne percevons, avec une certaine perplexité, que la tentative de tranquilliser, de prétendre que ce n'est pas si grave, que c'est encore réparable, au lieu de dire clairement aux gens qu'aux millions, aux milliards de gens qui viendront après nous, nous enlevons, nous détruisons tout.

Une information claire et vraie.

C'est ce que Ginkgo aurait voulu.

La politique, au contraire, soutient les mécanismes de défense qui nous empêchent de saisir la réalité. Elle soutient le déni.

Elle soutient toute défense moyennant laquelle, tout en voyant la réalité, on la minimise.

Il est difficile d'inverser le cours de tout cela.

Nous savons que l'environnement est en train d'être détruit, mais nous nions ce que cette destruction provoque dans de nombreux pays, ses effets sur les enfants : nous nions l'existence même du problème.

La politique nous laisse en plan. Peut-être qu'elle n'est même pas suffisamment compétente.

Son système nous fait souffrir et nous pèse. Beaucoup de gens n'ont plus une vision positive de l'avenir, ils se sentent condamnés et pensent ne plus avoir aucune influence sur le cours des choses.

Nous ne devons pas nous laisser paralyser. Nous devons de nouveau prendre le droit de nous battre pour quelque chose.

Le conte du dernier soir dans la forêt

(autorisé par le groupe)

Quand la jeune femme arriva dans la Forêt du Sommeil, elle se retrouva entourée d'un grand silence. Rien ne bougeait.

Ses pas sur le long chemin qui conduisait vers la Déesse du Sommeil ne faisaient aucun bruit, comme si elle marchait sur de la ouate et non sur un sol de forêt couvert de feuilles et de brindilles sèches.

La Déesse dormait encore quand la jeune femme arriva, elle dormait dans un hamac accroché à l'un des plus grands arbres à sommeil de la forêt, un arbre beaucoup plus grand que tout ce que nous pouvons imaginer.

« Que viens-tu faire ici ? » demanda la Déesse quand, à son réveil, elle aperçut la jeune femme.

« Je voudrais ramener le sommeil à mon enfant, sinon il va mourir. On lui a volé son sommeil. »

« Et pourquoi devrais-je te le donner ? »

« Parce que j'ai fait tout ce long chemin et que, bien que j'aie été à bout de souffle, à bout de forces et désespérée, je t'ai laissée continuer de dormir. Avec beaucoup de patience, j'ai veillé sur ton sommeil et j'ai attendu. »

« D'accord, dit la Déesse, sur cette table, il y a les morceaux du sommeil d'un enfant. Chaque sommeil est tissé de quatre foulards. Si tu arrives à les reconnaître, tu pourras les ramener à ton enfant et il retrouvera son sommeil perdu. Mais si tu choisis les mauvais foulards, alors ton sort sera terrible. »

« Je n'ai pas peur. »

« Bien. Ici, il y a deux foulards blancs, l'un est pour le silence, l'autre, pour le bruit effrayant de la nuit. »

Alors arriva une guêpe, et elle vola au-dessus des deux foulards, mais on n'entendait le bourdonnement de ses ailes que sur l'un des deux, sur l'autre non. La jeune femme choisit le bon foulard et le posa précautionneusement sur sa tête.

« Tu as deviné juste. Maintenant il y a ici deux foulards de couleur. L'un est pour les rêves, l'autre, pour les tissus de terreurs. Si tu choisis le mauvais foulard, les démons te feront mourir dans d'horribles souffrances. »

Une petite araignée vint se poser entre les deux foulards. De l'un des deux surgit un énorme monstre qui voulut dévorer l'araignée. La femme choisit l'autre foulard.

« Tu as de la chance. »

La Déesse était très surprise de l'assurance de la jeune femme. Elle semblait aussi être fière d'elle.

« Maintenant tu vois deux foulards noirs. L'un est pour l'obscurité du sommeil, l'autre, pour la lumière du feu qui détruit tout et rend aveugle. »

La jeune femme les regarda avec attention mais, là non plus, rien ne permettait de les distinguer l'un de l'autre. Elle se dit, je dois rester calme, ne pas désespérer. Les larmes lui vinrent alors aux yeux et tombèrent sur les foulards, et sur l'un des deux, elles s'évaporèrent.

Elle choisit l'autre foulard.

« Maintenant vient l'épreuve la plus difficile. Il y a là deux foulards rouges, l'un est celui du sommeil et, avec les trois autres, il redonnera le sommeil à ton enfant. L'autre est celui du sommeil éternel, la mort. Si tu le touches, tu mourras et ne reverras plus jamais ton enfant. »

La jeune femme se souvint des foulards que sa grand-mère lavait afin de les porter pour protéger sa tête. Ainsi elle sut avec certitude quel foulard prendre.

Elle posa le foulard choisi sur sa tête et sombra dans un profond sommeil.

Quand elle se réveilla, la Déesse voulut savoir comment elle avait fait pour choisir le bon foulard.

« Je me suis rappelé les foulards de ma grand-mère, et que les foulards souvent portés ont un aspect bien particulier. Le foulard du sommeil ressemblait davantage aux foulards de ma grand-mère, parce qu'il est plus souvent porté que celui de la mort. »

Ma mère fut renvoyée d'un souffle à la maison par la Déesse et j'ai retrouvé mon sommeil, et n'ai pas dû mourir enfant.

« Spiegel im Spiegel »
(Arvo Pärt – Spiegel im Spiegel)

Notes prises par Ginkgo

(Attention : considérées comme apocryphes !)

J'avais cherché un endroit et des gens qui me donneraient le sentiment d'être arrivée.

« Tu n'es jamais là où tu es », disait ma mère quand dans mes jeux je voyageais dans de lointaines régions de rêve. Les gens de ces régions m'attendaient. Ils faisaient de mon arrivée une fête.

Quand je les ai vus pour la première fois, réunis là à la table sous le platane, ils m'ont fait l'impression d'être des personnages de mes régions de rêve. Leurs regards étaient eux aussi dirigés vers un lointain indéfini, avec cette nostalgie particulière.

Je ne sais plus qui m'a adressé la parole en premier. Mais je sais que cette voix a fait naître en moi une certitude, la certitude d'avoir trouvé les bonnes personnes.

Je voulais m'établir dans cette ville, sans vraiment savoir ce que je devrais y faire.

Non, ma vie ne m'a pas échappé, simplement je n'avais pas de plan, mais je sentais que c'était juste. Il y avait bien sûr aussi des moments où tout me paraissait trop grand et insurmontable.

Ce soir-là, je me suis arrêtée par hasard devant ce local.

J'ai été surprise qu'on m'adresse la parole.

Je me rappelle parfaitement que je me suis laissée emporter par un flot de paroles, comme si une vanne s'était ouverte d'où les mots s'échappaient.

Ils m'écoutaient tous attentivement. J'étais étonnée, reconnaissante, oui, personne ne disait que j'étais dans un monde rêvé, que je devais réfréner mon flot de paroles, pas de « que ton oui soit oui, que ton non soit non ».

Leur attention me toucha au plus profond de moi.

Ils m'écoutaient comme si j'avais quelque chose de très important à dire. Je me souviens encore que je parlais de mes arbres bien-aimés.

Ils me parlaient comme si j'avais accès à un grand savoir magique, secret.

Avec moi, ils voulaient sauver le monde.

Je devais leur donner une première phrase pour leur manifeste.

Ils n'écoutaient pas mes mauvaises pensées, ou bien ils y voyaient des épreuves, des épreuves sur le chemin d'une force ordonnatrice qui pourrait nous sauver.

Pourquoi devrions-nous être sauvés, si même les dinosaures ne l'ont pas été ?

Mon effet sur le groupe m'était inexplicable.

Ils voulaient me suivre. Ils voulaient avec moi changer le monde. Mais moi, je n'avais aucune idée du monde.

À l'époque, j'avais souvent le sentiment d'être à côté de moi et de m'observer en toute inquiétude. Je me voyais en train de me regarder. Je me voyais lire mes propres mots sur mes lèvres.

Je voyais aussi comment ils me regardaient, comme si j'avais saisi l'origine et le but de l'existence.

J'étais là à côté et ne comprenais pas.

Il me fallait partir.

Trouver un endroit où je pourrais venir à moi.

J'ai pris la décision de les quitter de nuit, quand ils dormiraient tous. De manière aussi inattendue que j'étais arrivée, c'est ainsi que je voulais disparaître.

Nous confirmons que ces notes sont un faux. Ginkgo n'avait jamais pris de notes à cette époque, et sa langue avait un tout autre style. Les mots de sa langue brillaient. Ils n'avaient pas l'aspect mat des mots que nous empruntons chaque jour à la grande chambre de la langue.

Pour Le Manifeste du Watter :
Alfi, Anina, Bounine, Daria, Esther, Marcel, Selina, Saïd.

P.-S. : Nous supposons qu'elle a été enlevée délibérément par l'appareil du pouvoir. Un jour, nous pourrons le prouver.

Appendice

(Saïd ? Selina ? Barbara ?)

Les dépositions des témoins sont arrivées dans le temps présent.

À présent il y a la guerre.

À présent il y a la peur des armes atomiques et la peur d'un hiver glacial.

Une nouvelle attaque des matières fossiles sur le monde est prévue.

Telles de grandes vagues, ces attaques arrivent et frappent les pierres.

Nous longeons la forêt.

Elle n'est plus comme autrefois.

La forêt doit être convertie en bois de feu.

Tout a reçu, derrière son ombre habituelle, une nouvelle ombre.

Nous ne savons pas si nous en sommes au début ou au dernier stade.

Il arrive que nous nous réveillions la nuit.

Nous nous asseyons à une table et écrivons quelques mots.

Le lendemain matin, ces mots ont disparu.

Le chevalier des mauvaises nouvelles les a emportés avec lui, alors que nous savons que ces notes auraient été valables.

Des notes de la nuit.

Le chevalier apporte des phrases pleines de guerre, de prisonniers et de cadavres, avec des navires qui sombrent.

Nous ne comprenons plus ces phrases.

Nous écrivons la musique pour nos mots perdus.

Notre chœur doit les chanter les nuits où nous nous réveillons et n'arrivons plus à nous rendormir.

Il y en aura de plus en plus.

Et nous aussi serons de plus en plus nombreux.

Nous regardons par terre et levons les yeux vers le ciel, nous sommes en train d'écrire une lettre d'amour à notre monde, comme il serait si nous n'existions pas.

Ces nuits-là, nous espérons qu'une plante, une bête, quelle qu'elle soit, lira notre lettre.

REMERCIEMENTS

L’invitation à produire ce texte est venue des rencontres que j’ai eues pour une série d’ateliers d’écriture avec des jeunes à Terra Vecchia, au Tessin. Y ont notamment participé des réfugié·es et des étudiant·es.

Un week-end par mois, il s’agissait de réfléchir par l’écriture à sa propre histoire et à la nature.

Les discussions, les textes et surtout la présence enchanteresse et forte de ces personnes ont rappelé à mon souvenir un groupe informel dont j’avais fait partie il y a longtemps et qui voulait s’engager pour des objectifs sociétaux et environnementaux déterminés.

Nous nous étions donné pour nom les Libellules, parce que nous nous retrouvions parfois en tel endroit et parfois en tel autre.

Le groupe qu’on voit ici est appelé Le Manifeste du Watter, du nom du manifeste qu’il est censé avoir écrit, et du bistrot devant lequel et dans lequel il se réunissait.

DU MÊME AUTEUR (EN FRANÇAIS)

Enfantines / Kindergedichte, trad. Christian Viredaz, Conférences, 2024
La mission, trad. Christian Viredaz , À côté de cela, 2023
Je sais juste que mon père a de grosses mains [*suivi de*] *Le rire des moutons* [*et de*] *Mon voyage en Italie*. trad. Christian Viredaz, En bas, 2013
Je sais juste que mon père a de grosses mains / Ich weiss nur, dass mein Vater grosse Hände hat, trad. trad. Christian Viredaz, En bas, 2011

DANS LA MÊME COLLECTION

Casim M. Admonk, *Ohrtodhoxes*
Stéphane Bovon, *Les phrases*
Serge Cantero, *Le Dit des Égarés*
Alain Cébius, *La vie est trop courte pour la partager*
Collectif, *Petites proses éthyliques*
Jean-Yves Dubath, *La causerie Fassbinder*
Jean-Yves Dubath, *La causerie parisienne*
Patrick Dujany, *Les Écorcheresses*
Joël Espi, *Miséricordes*
Laure Federiconi, *La grande salle à manger*
Jon Ferguson, *Le chemin de la Dame*
Jean-Luc Fornelli, *Poésies bonsaï*
Alain Freudiger, *Morgarten*
Alain Freudiger, *Liquéfaction*
Giovanni Garro, *L'Argent noir*
Christophe Girard, *Perdre la paix*
Jean-Noël Gos, *L'emporte-pièce*
Brian Hughes / Antoinette Maire (trad.), *Des carillons quand tu meurs*
Dick Joekers, *La Vérité sur Donald Trump*
Vincent Kappeler, *Les six vies de Salomon*
Pierre Yves Lador, *Les chevaux sauveurs*
Xavier Löwenthal, *Nathan*
Maxence Marchand, *Narcisse évanoui*
Francesco Micieli / Chrisitan Viredaz (trad.), *Si les forêts nous quittent*
Nétonon Noël Ndjékéry, *Au petit bonheur la brousse*
Nétonon Noël Ndjékéry, *Il n'y a pas d'arc-en-ciel au paradis*
Nétonon Noël Ndjékéry, *La minute mongole*

Jeanne Perrin, *Chroniques d'outre-scène*
Emmanuel Pinget, *Avant de geler*
Emmanuel Pinget, *La Lointaine*
Narcisse Praz, *Du fond du tiroir*
Pierre Queloz, *On voit de tout aujourd'hui*
Pierre Queloz, *Voilà voilà*
Ursula Timea Rossel / Camille Logoz (trad.),
Prenez de l'ail et de l'argent, du sel et de la terre
Frédéric Roussel, *Grand Nord*
Laurent Schlittler, *Un samedi au club*
Bertrand Schmid (trad.), *La Batrachomyomachie*
Olivier Sillig, *Jambon dodu*
Philippe Testa, *Mâle occidental*
Marie-Jeanne Urech, *Malax*
Marie-Jeanne Urech, *La Terre tremblante*
Marie-Jeanne Urech, *K comme Almanach*
Frédéric Vallotton, *Canicule Parano*
Frédéric Vallotton, *La Lumière des Césars*

CET OUVRAGE A BÉNÉFICIÉ DU SOUTIEN SPÉCIFIQUE DE

fondation suisse pour la culture
prohelvetia

FONDATION
LEENAARDS

LOTERIE
ROMANDE

FONDATION
OERTLI
STIFTUNG

CET OUVRAGE A ÉTÉ IMPRIMÉ
POUR LE COMPTE DE HÉLICE HÉLAS ÉDITEUR
PAR FLEXPRINT (BULGARIE)
EN MAI 2024.